Mauri Laakkonen

Justin Larma

Kossi Taluksesta

Mauri-vaarin

runoja murteella

Kustantaja:
BoD – Books on Demand, Helsinki, Suomi
Valmistaja:
BoD – Books on Demand, Norderstedt, Saksa
ISBN 9789523393776

Kossi Taluksesta

MAURI-VAARIN RUNOJA MURTEELLA

KIITÄN NIITTUKALLION PIRKKUA

SANOJEN PUHISTAMISESTA

Lukijalle

Kossi Taluksesta, Mauri-vaarin runoja murteella - runokirja on kunnianosoitus kotikylälleni Alavieskan Taluskylälle, jossa vietin ensimmäisiä kouluvuosiani. Tuosta ajasta on kulunut lähes 60 vuotta.

*"On tärkjää tunnistaa juuresa
ja sanua sanottavasa omalla murteella"*

Ensimmäisen kerran kuulin toiveen murteella kirjoittamisesta heinäkuussa 2015, kun kirjani Kossina Taluksessa, tuokiokuvia pienen pojan elämästä 1956-61, julkistettiin.

Toive toistui Alavieskan kunnankirjastossa kesällä 2016 Mauri-vaarin runokisan voittajien ja kirjan julkistuksen yhteydessä.

Tämä kirja on kooste murretapailuistani jossa olen saanut arvokasta tukea **Pirkko Isokäännältä** lähettäessäni tekstejä muun muassa Alavieska-lehteen.

Riihimäellä lokakuussa 2016

Mauri Laakkonen / Justin Larma

Äitini Helli Kososen kanssa Kossina Taluksessa –kirjan
julkistuksessa Alavieskan kirjastossa 2015. Kuva U-M Kivi

Kyllään kuhtu

O omma aatellu tulla
kyllään, ko jokku sannoo
et yllätysvieras on se paras.

Tuomma kahavit ja nisut
tullesa, vaikka tiijjetään
emäntä leipuriksi.

Viimeksiki niin huluppia
ankkastokka pöyäsä!

Ja niin komia liina!

Teillä hantuukikki komiampia
ko meijjän juhulaliina
ja emäntä
niin koria kesämekosa että.

Vieläkö se kiikkusstoolin peitto
on hengisä,
se ko viimeks näytti vähä
rispaantuneelta.

Perinnetuokio

Runua ja pepua
Hannulasa,
vanahasa talosa,
rättimatot porstuasa.

Kahton pirtin pöyvän ääresä
akkoja raataamasa,
pepua syömäsä,
kuuntelemasa toistesa juttuja.

Ite ryystän kahavia
ruusukupista
ja lusikalla palastan
ruusun lehellä
koristeltua kaakkua.

Kaksi vanahaa akkaa
istuu tooleilla
lausumasa runoja,
kolomas kyselemäsä
mitä hommia on tehty elämäsä,
selityksen velekaa ei jää,
ko akat selittää.

12.7.2016

Kossien kessää joskus

On juostu pihalla ja lajosa,
polijettu heiniä ja
oltu pässiä karusa,
mutta sikkaa ei kiinni saanu
vaikka kuin ookas,
se
vinku mennesä ja
röhki tullesa karsinasa.

Kesäiloja kosseilla
oli niittuleinikit paarman perseesä
ja sata sammakkua lasipurkisa
Hietalan Annin luokan akkunalla.

No tuli toki ritsalla ammuttua
kiviä ja rautalankakoukkuja ja
käsipohojaa kolotusa uitua.

Niin ne kesät meni,
joskus iliman heinäntekua
maattomalla, riitti kyllä muita hommia,
puita piti halakua ja parkkeja kerätä.

Ootellesa

Himmennän kattovalua,
ko tunnelmaa pittää luuvva
ja vähä huonetta hämärtää.

Kermakaakku pöyvvällä
oottaa juhulijoita,
monta kynttilää kohallaan.

Lauluvihosa aukiama
valamiina, saamma hoilata
värssyn juhulittavalle,
ehkä joku runonki lukkee.

Nyt vaan ootellaan
kuhtuttuja ja ihte
sankarinki tulua.

Pääsee juhulan makkuun.

Pyhämekosa

K auhian komia se on,
kehuttu ja hyväksi huuvvettu,
kulukee pyhämekosa arkenakin
ja ukot vahtaa.

Täytyy sanua,
onhan sillä hyvät tissit,
kuluku ko kulukukoiralla
ja korot
kengisä niin upiat,
että silimät päästä putuaa.

Mekosa on ruusun kuvija,
viheriääkin on mukana.
Pistäs piikit, jos
ois aitoja,
vaan on
vaan kukkiin kuvat.

Tanssin tahtiin

Kelevoton kehtas mouruta!

Mankua mukkaan,
vaikka hyvin tiesi, ettei
mahoton ole mahollista,
ko en ossaa tanssia
polokkaa ees humalasa,
saati saappaat jalasa.

Ei se oo niin tärkiää
aina olla mieliksi.

Tärkiää tai ei,
oon liian hijas
nopiaan polokan tahtiin.

Olis pyytäny hittaille,
niitä on kiva nojjailla.

Vahtaa, vahtaa

Olin vahannu sitä
päivätolokulla
joka nurkan takkaa
ja välillä eestäkin
ko se käveli vastaan.

Ei silimäystäkään!

On niin kauhia tuntia,
ko ei saa vastakaikua

ja ko rakastaa nii, että
silimävalakuaiset muljahtaa
ko se tullee näköpiiriin.

Oon sitä vahannu taas
tuntitolokulla koulusaki, nytki
tällävyin sammaan pöytään.

Uskalsin!

En tohtinut kahtua silimiin
ja melekeen putosin toolilta,
ko sen hammeen helemat
hipas mun polovia.

Naama punasena ja
häpiän sekasin tuntein
sitä vilikasin ja menin iha sekasin...

SE HYMMYILI

M U L L E !

Empijä

K olome kertaa
oon yrittäny kertua,
kolomesti perunu
viime tipasa,
ko meni sisu kaulaan.

Pittää miettiä.

Selevääki selevempää
on ko rakastuu,
sanat katuaa
ja alakaa änkyttää.

Syvämmesä vihiloo
sen seihtemän kertaa,
jos joku sen nappaa
nyt ko se on vappaa.

Aion tohtia.
Kosia.

Sun luo

K elijuttaahan se
ko kulukee matkaa
joka ei koskaan lopu.

Räknää kilometrejä
ja peninkulumia
totisena toisesa perrään.

Muistaa mutrusuut,
vaikka parempi olis unohuttaa
ja syvämmeesä ihhailu piilottaa.

Mutta voi sitä ilua,
ko kahton sinua
venneen laijalla
nokka kohti taivasta.

Unohan vaivat ja vapinat

Josko se matkustelu
ois ohi.

Kylyvöt

Se on yhtä panua
panna maata ja maahan
akkaa ja pottua
nostaa ja kaataa
hakija alvariinsa
vanahaa ja uutta
vakua,

kylyvää ja
oottaa, että on ijulla.

Kahtua, että
kasvaa kokua.

Pottupellosa ko on kukat
on akalla uuvet potut,
minulla vaan sukisa
ja akka, sängysä.

Nopiaan katuaa

Kohtalua sietää varua,
ottaa ohojat ja ajjaa
rohkiasti kohti ja
väistää vaan jos on pakko.

Kossina sitä luuli
ihtiä aikuseksi
ja ny vanahana
kossiksi.

Mikkää
ei oo muuttunu,
ko tuo väri ja
ruppi tullu kankiaksi.

Niin ja aika,

se katuaa
silimisä.

Kiipeilyä Särkillä

P elekua ei saa tuntia,
pittää olla rohkia
vaikka polovet lyö loukkua.

Siinä seisovat ringisä,
ennen ko vängällä
kiipesivät toloppiin.

Luulivat etten tohi.

Vasiten annon periksi
ja sinne kiipesi koko porukka
ko oravat.

Vahtasin maasa niitten menua
ja aattelin, että ovat hölömöjä
ko luulevat etten uskalla.

No antaa luulla,
en rupia kilipaileen,

siellä ovat tolopisa,

olokoon.

Punane rattori

Taivas repiää valakosiksi pässeiksi,
pujottaa lumikarihtoja maan valakiaksi,
keskipohojalaista välttipeltua ei ennää nävy,
ei erota, onko sängellä vai ei.

Punane rattori seisoo tallin eesä valakosena,
talavi yllätti.

Isäntä kahtoo akkunasta,
höllää henkseleitä, sarkahousujen kannakkeita,
ja mannaa lumen tulua,
ko kevvääksi jäi kyntöä niin palijo.

On talosa ruukattu kahtella välttipeltojen murraa
viikkotolokulla ennen lumen tulua ja
kumiteräsaappaat kurasa peltua eestaas kulukia.

Nyt on tyytyminen tähän, tullee pakanen.

Talavi tullee - ei yllätä

K ylymä huurtaa
auton akkunat,
pittää varata aikaa
ennen lähtyä ja
raapia lasit puhtaaksi.

Jokku ajjaa lasit huurusa
ja jokku kännisä,
sama juttu molemmisa,
ei tie navy kirkkaana.

Vasiten pittää uhumata
lakia ja
kohtalua, ja
tiirata nokka lasisa
menoreittiä.

Talavi on ikävä kaveri
laiskalle jo ennen lumen tulua
ja varsinkin sen jäläkeen
lumiläjät auton katolla

Järki kätteen,
putsaahan autos.

Talaven valo

Tuppaa pakkanen tuppaan,
sähkyä sähköpatterit huutaa,
on kylymä,
ulukona.

Ryystän kahavia,
kaajan lissää
siniseen mukkiin
ja ihhailen höyrykiemuroita.

Talavi tullee väkisin,
nakkaa lunta taivaan täyveltä,
kohta pittää pihhaa kolata,
lumesta.

Onha siinä hyvvääki,
valakosuus,
tullee valua
pimiään maisemaan.

Talavi

Huurtuvat puut valakioiksi,
painua lumen
oksat roikottaa
maahan asti.

Jäniksen jäläkiä kahtelen,
loikan pittuutta mittaan,
naama rutussa funtsaan
ehinkö tuppaan,
kiipiänkö portaat porstuaan vai
vasitenko tuota jussia vahtaan.

Eukko puurua keittää,
jäljet pihan perälle lumi peittää,
on talavi ja vitikeli,
kohta laulaa sirkkeli
pölökyt pätkiksi.

Mutta ensin,
eineen nakkaan,
nappaan.

Talvilintuja

Varis ja kuus harakkaa,
pihamaata paarustaa,
vakaasti varis vaakkuva,
hypellen harakat nauravat,
allaan hanget kantavat.

Seurakseen saavat
kahdeksan naakkaa vilkasta
joo, kuuluu niiden lausunta.

Ketterästi kimpassa
sujuu jyvien nokinta,
varpuset ihmeissään pensaissa,
talitintit puiden oksilla
odottavat vuoroa.

Fasaanikukko komea
lähestyy mustanpuhuvaa parvea,
määrätietoisesti askeltaa
röyhistää rintaansa ja parahtaa,
linnut muut lentoon lehahtaa.
varis vaakkuen.
harakat räkättää,
naakat sanoo
   - joo joo

Raasu pitäs saaja

Pölökyllä on tylyppä pää,
tasane ja vähä montusa,
siinä on hyvä pilikkua
puita klapeiksi ja
halakua kirveellä halakoja.

Hällän pessään raasu,
ja piisi lämpiää.

Tulen loimosa voi
vaikka lukia.

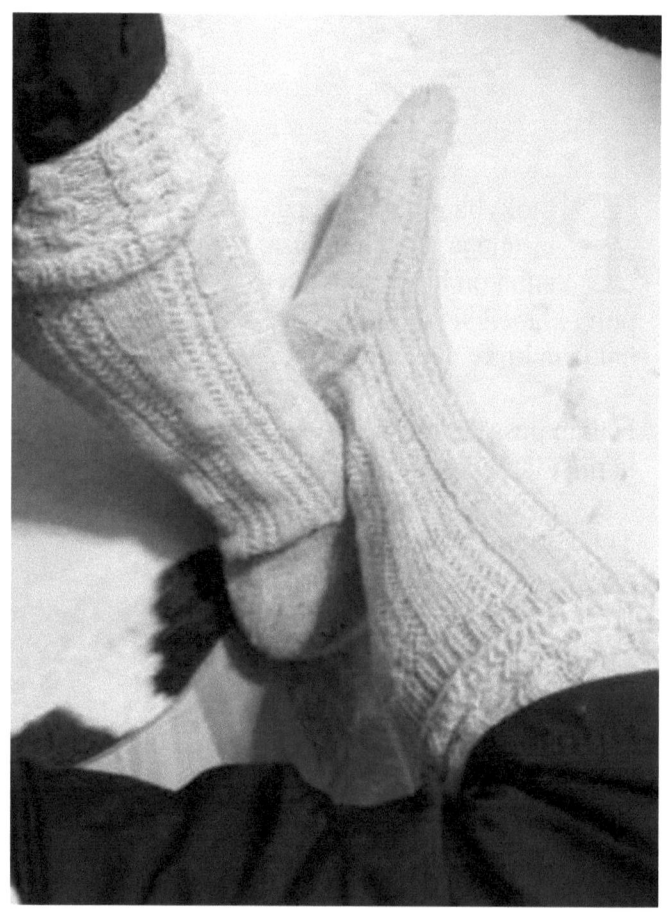

ihtelle tehyt

Sukkiin kutoja

Pittää kutua sukkaa
ja kahtua,
että silimukat
pyssyy puikoilla,

jokku sannoo,
että pittää neulua,
minä kujon
niin oon aina teheny.

On niitäkin,
jokka tikkuaa.

En tiijjä kelepaako
nyt tehyt saajalle,
ko tein meleko rantuset
ja kirkkahan väriset

Heinäveden Vihtarissa
1953

Kalajoella kesällä 1963

Ajatukset Taluksesa

Talavella ruukattiin
harrastaa hiihtua Katinnevalla,
umpihakeen latuja avata,
nyt ajjaa latukonneet
miesvoimaa pönkäämään,
latujen tekkoon.

Kolotusa vesi jääsä,
Linnakalliosa avanto
savusaunan eesä,
käyvät avannosa uimasa,
ukot ja akat
ja kakarat.

Kehtaan sanua,
että oon ylypiä
Kostin upiasa kirkosa,
pahkaristien juurella.

Kuva Ira Laakkonen

Kuusi

U kot rantteella
puita halakomasa
talaveksi,
liiterin pittää olla täysi,
ettei tule kylymä
pakkasilla,
ko on kamarisa
komia raasu
pönttöuunisa.

Komian kuusen kaatovat.

Latva säästy jouluksi,
siihen pannaan olokitähti
ja karamellipaperi
koristeeksi oksille.

Pikkuse touhusa

Rustasin koristeita akkunaan,
lumitähtiä makulatuurista
ko en hopiapaperia löytäny.

Räknäsin että kolomekymmentä
niitä tuli saksittua.

Yhen tein juhulamokkapussista,
vähä niinku komiammaksi.

Jouluksi aattelin tehä kauhian ison,
niin korian, että
naapuri saattaa olla kaje.

Vasiten se meitä vahtaa
porstuan akkunasta.

On niitäki, jokka kehhuu
oikiasti, ja se ko tuntuu hyvälle,
jopa makialle.

On ko limunaatia jois,
hyvä palakka askartelusta.

Talaven selekä taittuu

U skua täytyy,
että talaven selekä on taittumasa.
Pääsiäinen on jo nurkalla.
Kestohangella on hyvä liikkua ja
kossikki ovat kohta
kokkua niitulla rakentamasa.

Pääsiäisenä jokku vielä valavoo saunosa,
ottavat kiljun sijjaan keskaria
tai miten nyt keksivät kynttilän valosa
hummata.

Kehhuu ykski muistavasa lapsuuvvesa
pääsiäisrullin käynnin navetasa.
Menivät kahtoon ja lehemän nänni oli poisa.
Suurta harmia, tuhua ja ilikivaltaa se oli.

Kakaroille pääsiäinen oli juhulaa,
maalattiin munia
ja värkättiin pajunoksiin narsisseja pahavista
ja reppipaperista.

Kevväällä

K ävelimmä jojelle
koskia vahtaamaan,
ko oli kevättuluvien aika.

Joki ruukasi kevväällä
lykätä veet
äyräittensä yli niituille,
taloihin
ja navetoihin.

Jäät ryskäsi ja teki patoja
kirkon kohalla,
ja sillan alla vesi kohosi
tukipalakkeihin,
ruumishuoneen ovelle,
ei kuiteskaan ulttunut hautuumaalle,
ko se on korkialla mäjellä.

Meistä kosseista oli jännää
könytä rannasa,
heitellä musia jokkeen
ja sotkia kurraa.

Kevätkesällä

Toukokuu hankia hävittää,
oraat kurkivat pälviltään,
maamies kylvökoneitaan virittää,
pelloillensa pian yrittää,
viljan siemenet kylvää,
itupotutkin vakoon vierittää.

Kurjet saapuvat pelloilleen,
kiurut liverrellen taivaansineen,
västäräkit keikkuu pihoilleen,
pian liitävät pääskyt räystäilleen,
naakat kirkontornista katsoo ympärilleen,
variksen tonkivat pudonneen jätteen.

Lapset riekkuvat pihoilla,
pomppivat trampoliinilla,
tytöt hyppynaruilla.
Nuoret kurvailevat fillarilla
jotkut jopa mopoilla…

On kevätkesä kotikonnuilla.

Juhannus

Juhannuksena syyvvään
taas herraa
ja juuvvaan kiljua
halakopinon takana.

Ei siinä tooleja tarvita,
istutaan heinikosa.

Pittää varua
ettei astu
lehemän paskaan.

Arjen jutut

A jatus kulukee
omia polokuja,
kahtoo mitä tahtoo,
runoja vässää.

On aivan mahotonta
sanua, misä ajatus
meni mehtään ja
mopo karkas ojjaan.

Päivän kirkkauvesa
näkyvät sormenjälijet ikkunasa,
kissankarvat pöyvvällä
ja villakoirat nurkisa.

Kirjotan siitä runua,
jota olis äly lukia,
näistä arjen jutuista
kojissa.

Maitopotut

Kahtotaan,
kahtotaan,
on meillä
uusia pottuja ja sipulia.

Nyt, ko on kokomaitua,
keitetään maitopottua,
tuumi akka.

Viikkotolokulla
onki syöty pepua,
se on siskolikan herkkua.

Serkulla syötiin
läskisoosia
ja pottupuurua,
taisi olla sintuun keitetty.

Lapsuuteni pihakaivo

(alkuperäinen)

Siellä jossakin alhaalla
kimmeltää syvä vesi
metristen ketjujen päässä

ämpäri losahtaa
haukkaamaan vettä,
rikkoo kuvajaisen

kitisten
hilautuu ylös tummuudesta
kammenpyörittäjän taakka.

Liruu pisaravana
ämpärin pohjasta
synnyttäen kaikuja
kaivon renkaista.

Kun kurkistat
näet kasvot
lapsuutesi kaivossa.

Ne katsovat ylös
lapsen kasvot
ikäänsä rutistuneet
vanhoin silmin.

Lapsuuvven pihakaivo

Sielä josaki allaalla
kimmeltää syvä vesi,
metristen kettinkien pääsä

ämpäri losahtaa
haukkaamaan vettä,
rikkoo kuvajaisen

kitisten se
hillautuu ylös tummuuvesta
kammenpyörittäjän taakka.

Lirruu pisaravana
ämpärin pohojasta
synnyttäen kaikuja
kaivon renkaista.

Ko kurkistat,
näjet naamas
lapsuuvven kaivosa.

Se kahtoo ylös,
lapsen naama,

ikkäänsä rutistunu
vanahoin silimin.

Rauhottaa

Kahtelen ja kuuntelen suota,
mehtää, puitten huminaa
ja lintuin äänijä.

On se taivahan tosi,
että on parasta mielenlepua,
ko vahtaa luontua.

Mieli rauhottuu.

Tykkään kontata suolla,
ehtiä karpalua rahkasammalesta,
ovat mokomat piilosa.

Kerruureissulla voi viipyä,
ko on kahavit termospullosa
ja eväsleivät repusa.

Mikä siinä on istuisa
ja kahtellesa.

Syysaurinko paistaa
eikä itikat häirihe,
voi vaikka nokkaunet ottaa
närreen kylesä.

Nopiaan katuaa

K ohtalua sietää varua
ottaa ohojat ja ajjaa
rohkiasti kohti ja
väistää jos on pakko.

Kossina sitä luuli
ihtiä aikuseksi
ja ny vanahana
kossiksi.

Mikkää
ei oo muuttunu,
ko tuo väri ja
ruppi tullu kankiaksi.

Niin ja aika
se katuaa
silimisä.

Syntymäkomia

Oot sinä vahava,
komia ja vahava,
olokapäätki ko lajon ovet,
tytöt kahtoo,
ko menet kylillä,
netisäki ne vaan tykkää
ja syvämmiä lähettelee.

Oot äitin oma kulta.

Tykkäsit kiikkustoolissa
sylisä istua
ja siihe nukahit
punaposkisena
kossinakin vielä.

Mutta nyt ko kahtoo
ei uskos sun pieni olleenkaan.
Niin oot komia ja vahava.

Niin oot!

Lökärit

Kossi kurvaa mopolla kylillä,
ajjaa persevako melekeen palijaana
ja pärryyttää mopua lujjaa
kylän raitilla.

Seisahtaa bensiksen pihalla
tankkaamasa,
housut roikkuu

melekeen nilikosa

On muoti kauhia
supisee vanahat torilla.

Syrjäytynyt

Jokku harrastaa elämän pelekua
ja huutaa piilosa, pää puskisa
kurjuuvven kuormaansa
eikä kukkaan kuule.

Pyhäsin kyllä istutaan kirkon penkisä,
mutta ko arki tullee
ei ees ulos uskalleta,
mutta sossun luukulle kyllä
taksilla.

Syrjäytynyt,
kamarin nurkkaan ajjautunu
nuori, kossina otteesa kajottanu
kukkuu yökauvvet netisä.

Nukkuu puolille päivin ja
katuaa kalapiana piiloonsa,
ko pitäs hommia saaja tehyksi.

Mitä hommia?

Ko ei oo opetettu,
ei ossaa
ko valamiille.

Romun kerrääjä

A hane ajjaa ihtijään karkuun,
pannee kulumat ruttuun
ja näyttää ilikiää naamaa,
jotta arat ei uskalla lähelle.

Se völjää romua nurkat täyteen,
niin palijo, ettei varastettua
halakopinuakaan tielle nävy.

Komian talon eesä
se sitte kävelee eestakasin,
tuntitolokulla ja räknää
irrotettujen ruuvien määrää
ja lissää hamuaa.

Niin on tavaran lumosa,
ettei ystävää ennää huomata,
ilikiää kohti kahtua, mutta
ei tervehi,
lehemiäki vaan mulukoilee.

Romutarhasta synty
yksinäisyyven piha.

Tympiän tyhyjä

On kamalaa kahtua
laiskuuven tulua tuppaan,
pakkoon kylille vaan tahotaan
aikaa tappaan,
kuleksiin,
nurkkiin kurseksiin,
Esson baariin kalijalle.

Moporallikin kelijuttaa
hautuumaan kulumilla,
hullua menua,
tie vaan pölisee,
ko kossit kurvailee.

Pääsiski mukkaan,
alakas aika kulua,
ei menis
ihan hukkaan.

Resu

L iputanko vai laputanko?
Palakkaa tullee justiin
sen verran,
että kehtaa sanua.

Niin, että liputanko vai laputanko?
Vielä on hommia piisannu,
jotta laputan,
tarralappuilla hintoja
pekettien kylykeen,
aamuvuorosa.

Virman lippu on salosa
niin repaleinen, ettei
nimi nävy.

Ei se tuulikaan tiijä keneltä
palakkaa heiluttamisesta sais.

Olokoon resu.
Ei oo uuteen varraa.

Sovinto

Pohojan kautta
on ruukattu
vaikiat asiat käyvvä,
tonkia mutia myöjen.

Turha sitä on kynsiä
kaluttua luuta
monneen kertaan,
parempi riijjat sopia.

Ko sitte seleviää
on tottuuvven
kansa mukavampi ellää
ja kahtua toista silimiin
ja panna maate.

Hyvinkään maalaiskunnan Palopuro 1964

Hyvinkää 1969

Odotus

Apia. Harmaja. Hämyne.

Pienen pohojalaiskylän maisemasa
talojen ja torppien savut
makkaa matalalla
vähälumisten sarkojen yllä

On joulukuu
valonjuhula antaa oottaa ihtiään
Karijakeittiön altaasa kelluu
harmaja alumiinine maitotonkka
kansi ravollaan

Torpan sammalisen pärekaton alla
kolome peräkkäin rakennettua huonetta
harmajilla kovalevylaattioilla
raijalliset räsymatot
pöyvvän vieresä ajan harmaannuttama penkki

Muurin kuppeessa, tulisijan pankolla
kasa pilikottuja lapeja

Rauha. Hilijasuus. Hällän lämpö.
Pöyvvällä kultane enkelikello.

Odotus

(alkuperäinen)

Apea. Harmaa. Hämyinen.

Pienen pohjalaiskylän maisemassa
talojen ja torppien savut
makaavat matalalla
vähälumisten peltojen yllä.

On joulukuu
Valonjuhla antaa odotuttaa itseään.
Karjatuvan altaassa kelluu
harmaa alumiininen maito tonkka
kansi raollaan.

Torpan sammaloituneen pärekaton alla
kolme peräkkäin rakennettua huonetta,
harmaaksi maalatuilla kovalevylattioillaan
raidalliset räsymatot,
pöydän ääressä ajan harmaannuttama penkki,
muurin kupeessa, tulisijan pankolla
kasa pilkottuja polttopuita.

Rauha. Hiljaisuus. Hellan lämpö.
Pöydällä kultainen enkelikello.

1998 Helsinki   2003 Kuopio

Poloku vie kolotusta kotia,
mutkasa on käännyttävä
ja mentävä mehtän läpi.

Komioita ovat kuuset

Hautalan pihasa.

Mauri Laakkonen, s. 5.5.1950 Kalajoella.

Vietti lapsuusvuodet 1956-1961 Alavieskan Taluskylässä, jossa aloitti kansakoulun. Muutti neljännen luokan jälkeen Hyvinkään maalaiskuntaan, Kytäjälle.

Runojen kirjoittamisen Laakkonen aoitti vuoden 2014 syksyllä. Ensimmäinen runokirja Elämän virrassa julkaistiin marraskuussa kirjailijanimellä Justin Larma, joka on Laakkosen lasten nimistä koostettu nimimerkki.

Kesällä 2015 Laakkonen julkaisi muistelmateoksen lapsuusvuosistaan Taluskylällä ja hänen nimeään kantava Mauri-vaarin runokisa järjestettiin keväällä 2016 ja julkistettiin kirjana heinäkuussa 2016.

Justin Larman runokirjat 2014 alkaen

ISBN 9789522868176	Elämän virrassa, 2014
ISBN 9789523185333	Elämän kaarella, 2015
ISBN 9789523186224	Elämän tyrskyissä, 2015
ISBN 9789523189584	Elämän pisaroita, 2015
ISBN 9789523189935	Elämän sylissä, 2015
ISBN 9789523301306	Väärän kuninkaan maa 2015
ISBN 9789523303201	Kaartuu taivas, 2016
ISBN 9789523304628	Kahden maa, 2016
ISBN 9789523307681	Matkojen määrä, 2016

Mauri Laakkosen kirjoja

ISBN 9789523186484	Kossina Taluksessa, 2015
ISBN 9789523305731	Mauri-vaarin runokisa 2016
ISBN	Kossi Taluksesta runnoilee 2016

Yhteistyöprojektit

Ritu Veskarin/Justin Larma

| ISBN 9789523304062 | KokoNainenMies, 2016 |

Tuula Salomaa/julkaisija Mauri Laakkonen

| Ei ISBN | Vielä, kun sydän sykkii, 2015 |
| ISBN 9789523304314 | Ennen ja nyt, 2016 |

Iitu-Olivia Laakkonen/Mauri Laakkonen

| Ei ISBN | Eriparisukat, 2015 |